私は男が大嫌い

ポーリーヌ・アルマンジュ 著
中條千晴 訳
花伝社

MOI LES HOMMES, JE LES DÉTESTE

目次

目次

でも、私にとって問題なのは、どんな形にしても男の人に尽くすのはまっぴらごめんだということだった。

シルヴィア・プラス『ベル・ジャー』*

* シルヴィア・プラス『ベル・ジャー』青柳祐美子訳、河出書房新社、2004年、p. 105。

ある日、私は自分のブログに、女性をめぐる問題はめんどくさくて距離を置いているという男たちの怠慢に辟易している、と書いた。するとすぐさま、ご親切にも匿名のこんなコメントがついた。「なぜ口を開きたがらないのか、彼らに聞いてみてはどうでしょう。ヒント：『男であることは恥だ！　男は死ね！』と言わない男性に対するフェミニストたちの攻撃的、というかもはやヘイト的な態度ですよ……。あなたが男女の関係がなんたるかを理解した日には（…）その声ももっと多くの人に届くのでは。でも当面は、ヒステリックな女のなり損ないとしか扱われないし、痛い目を見るでしょうね」

奴《やっこ》さん、あからさまな表現で私の男嫌《ミサンドリー》いを批判してきた。こんなふうに男たちを毛嫌いすることで何かといえば批判されているのは私だけじゃない。フェミニストやレズビアンが侮辱的だと非難されるのはよくあることだ。でも、男たちの権威に対し異議を唱え、男たちに魅力を感じないことは嫌悪としか言いようがなくないか？

ミサンドリーに対する非難は、口封じである。抑圧された者たちが怒りの声をあげるのを、ときには荒々しく、だが常にもっともらしい形で抑えつけるやり方。ミサンドリーを不快に思い、（あたかも性差別というものがすでに糾弾されつくしたかのように）一種の断罪すべき性差別とすることは、性差別による抑圧は歴史や文化や権力者が支える制度的現象であるという側面を敢えて排除することだ。男を嫌う女は女たちを嫌悪する男と同じく危険であり、彼女たちが男に対して反感や猜疑心をもつ権利、はたまた侮蔑されていると感じる正当性すらないと主張することである。

で、全人類の歴史において男性が女性を傷つけたことは一度もないって本当？男性が女性を傷つけたことはないって？

この誤認が、フェミニズムの運動においてミサンドリーというものは存在しないと言われている所以である。だが何よりもまず、それは事実だ。ミサンドリーは男性を組織的に格下げし抑圧するために作られたシステムじゃない。それに、すべての殿方を十把一絡げにするのは、彼らを笑い飛ばすための術でもある。皮肉なんです。わかります？　実は優しいんですよ、私たちは。

じゃあミサンドリーが実は社会に必要不可欠で、それどころか有益なものだとしたら？　だとしたら逆説的に女性たちが拒否する理由は分かる。男性を嫌悪する恐ろしく過激な思想のもち主だ、と後ろ指をさされるのは怖い。もっと取るに足らない理由で火炙りになってきた女たちが幾千もいるわけだしね。

でも、もうこの際言ってしまおう。私は男が大嫌いだ。本当に全員かって？　全員だ。私の奴らへの評価はデフォルトでめちゃくちゃ低い。笑えるのは、私に男を嫌悪する資格などないらしいこと。私も男と結婚しているし、いまも彼のことが大好きなことは否めない。

しかし、だからといって男性が男性たる所以に疑問をもたないわけではない。荒々しくて自己中心的、怠け者で臆病者。なぜ私たち女子がこんな人間の欠陥たち（ほかになんて言ったらいいのか……）を慈愛でもって受け入れなければならないのか。私たち女に暴力を働き、レイプし、殺すのは、まさに彼らなのに。結局男子は男子のままだ。その一方で女子は女性になり、なんとかやっていく術を学ぶ。奴らの「取るに足らない」悪い癖は耐えられる、と。いずれにせよ家父長制という水晶玉が指し示す、窮屈な運命のビジョンから逃れる術はないのだ。それ以外に打つ手はない。だって男性目線の女性像から外れると、私たち女性はどんなふうに見ら

i　私がまったくこの話と関係のない選択をしていると思わないでほしい。バイセクシュアルの女性として、もし私が早々に社会や周囲の人びととの同性愛嫌悪に直面していなかったら、今日私の人生はどうなっていたかわからないのだから。

れる？　欲求不満の女か、レズビアンか、ヒステリックな女のどれかだろう。

そしてどうやらミサンドリーは女性の立場を損なう上に、男性にとってかなり耐え難いものらしい。今日まで死者も負傷者も出ていないが、この許し難い大罪は彼らにとって洒落にならないくらいの暴挙なのだという。そして、「#MeToo だとかなんだとかいうフェミニストたちの馬鹿騒ぎ」のせいで、今日男性は生きづらくなっているらしい。ナンパもできないし、エレベーターに女性の同僚がいると気まずいし、冗談も言えない……。彼らはもう何も言えないし、できない。

実存的恐怖の極みなんだろうが、共感し難い。だって奴らは、排除された可哀想なオトコというイメージを引き合いに出して嘆き、自分たちに課された責任から難なく逃れているにすぎない。混じり気なき家父長制の産物から、少しだけ違うものを目指せば良いというだけの責任から。

奇しくも、フェミニストたちがなぜそれほど自分たちのことを嫌うのかを（その数が圧倒的であるにもかかわらず）自問する男性は少ない。いや、奴らは「自分たちは違う、一般化するのは良くない」と言い聞かせるのに必死なのだ。フェミニストたちが「男はゴミだ」と言って彼らに背を向けさえすれば、私たちの闘いに彼らは介入できなくなり、彼らが「手伝ってあげる」こともなくなる。だから彼らは、あたかも私たちが彼らの助けなしには闘えず、また何年も闘ってこられたわけではないかのように振る舞う。そして、私たちと共に闘う際には私たちより声を大にし（ときには暴力を振るいながら進むことも省みず）私たちの居場所を奪い取ってしまうなんてことはまったくないかのようなのである。

ミサンドリーは解決の糸口を示してくれる。鋲《びょう》の散りばめられた道に生きる糸口、心がざわめいたときに「Ｎｏ」と言える糸口を。私は、社会の層としての男性や個人としての男性を嫌いになることに楽しみを感じられるようになった。それは、私が単に猫好きのかび臭い魔女みたいなやつだからというだけではない。

私たち女がみんなミサンドリーだったら、大饗宴になるだろう。みんな（初めはしんどいかもしれないが）男なんてまったくいらないのだということがわかるだろう。思うに、すさまじい力を解放できるんじゃないだろうか。男たちのまなざしと、その男性性が女たちに要求するものをはるか下に見下ろし、自分たちの本当の姿を見直す力を。

ミサンドリーは女性的な言葉である

このエッセイで使われているミサンドリーという言葉の意味するところをきちんと定義したほうがいいだろう。私のいうミサンドリーとは、男性という種すべてに対する否定的な感情である。否定的な感情というのは、単に懐疑心といったものから嫌悪という感情にいたるまで、幅広いスペクトラムとして捉えられ、往々にして男性に対する苛立ちや、女性のグループにおける男性の存在の否定という形をとる。「男性という種」とは、シス男性として社会化された男たちすべてであり、自らが優遇されている状態に疑問をまったく（あるいはほとんど）もたない者たちのことだ（そう、ミサンドリーというのは複雑で、かつ精鋭主義的な考え方なのだ）。

詰まるところ、ミサンドリーとは予防線の原則なのである。男性に、よくて失望、ひどい場合は暴力を受けてきた者として、そして家父長制と性差別をつなぎ合わせるフェミニズムの理論を吸収してきた私としては、自分の殻を作り、そういった男性や「いやいや、彼は優しいよ」と擁護してくるような男性を信頼しないのは至極真っ当なことだ。[ii] とはいえ、本来はそういった輩が自らの真価を発揮し、善良な意志を見せて私たちの敵対心を和らげてくれればいいだけの話なのである。だがその彼はいつまで経っても半人前だ。いや別に、その彼に対して個人的に反感があるわけじゃない。ただ、自分の特権を手放すのは難しいし、ほかの男性たちがそれを手放すように闘うことはもっと難しいということだ。気が緩んだらハイ終了。クラブで会った「オンナ」を、何度もしらけてるって目で見られてるのに、下品な言葉でナンパしてしまう。あるいは、何をやってもダメな一日があったらもうおしまい。何かにつけ会話を遮り、恥ずかしげもなくマンスプレイニングが始まる。ちゃんと

ii　科学的根拠のない、取るに足らない観察によるものだが、たいていの場合、男性が自分は素敵だろうと言い寄ってきても、すぐに化けの皮が剥がれる。セックスについて言われていることと似ているけど、こっちは本当。ベラベラと喋る人間ほど、何もできない。

した男性でもじっと監視し続けないといけないのは、みんな箍《たが》が緩むから。裕福で健康な白人のシスヘテロ男性ならなおさら。あまりに優遇されすぎて事なかれ主義になってしまっているのだ。男性にはお手本になってもらわないといけないのに。女が何を言っても誰も聞かない。だから彼らに中途半端なことをさせるわけにはいかない。

ミサンドリーの考え方において男性が女性に最低限できることは、黙って話を聞くこと。きっと学ぶことが多くあるだろうし、ひと回り大きくなれるだろう。ただ、同意してくれるからといって、改悛の情を示して嘆くというような極端に逆の方向に行くような男にも注意してもらいたい。なぜなら女性はみな、ミサンドリー女性ならいうまでもなく、自分の恵まれた状況を嘆いて被害者ヅラをする男には耐えられないから。自分のことをミサンドリーだという男性にはお目にかかったことはないが、自分のことをフェミニストだと声高に叫ぶ男と出会うのとそう変わらないだろう。フェミニストの活動家たちはこういう男たちを本能的に拒絶し、懐疑的な視点で見ている。フェミニストの多くは、男性はフェミニストになれないし、この言葉は抑圧された者たちを名づけるためにある表現であって彼らにはふさわしくない、と考えている。なぜなら、フェミニストと名乗り、それを高らかに掲げる男性たちは、自分たちが言うほどには男性としての恩恵を「脱構築」してはいないし、むしろ無頓着にもその恩恵を活用して周囲の女性を踏みつけ、うまく利用しているからだ。女性たちが耐え難い基準《スタンダード》に従い、結局いつも負け犬になってしまう一方で、男性たちがごく小さな努力にもいとも不釣り合いな栄冠を得ているのを目の当たりにする以上に辟易することはない。仕事を早めに切り上げるとか、子どもを学校に迎えに行くとか、そんな情けないほど平凡なことをしただけで男たちを誉めそやすようではもうダメだ。社会では、女だとまったく同じ状況でもどのような選択をしようが後ろ指をさされ、批判されるということを忘れないでほしい。

注意していただきたいのは、男性はフェミニズムに関心をもったり、その闘争を理解したり、その価値に同意したりすべきではない、と言っているのではないこと。

それはまったく誤りで、私は男性がフェミニズムに十分な関心をもっていない、あるいは（フェミニストを引っ掛けるためとか）悪意をもって興味を示すこと（くれぐれもやらないように……）を批判しているのだ。「抑圧やそのメカニズムを理解し、そのシステムにおける自分の立場を認める」ことと「それを流用して重要な位置に立ち、またも自分のものとなるようにする」ことはまったく別次元のものだ。男性には自らの権力や恩恵を適切に利用してもらいたい。例えば、女性にどう闘うかを教えるとかではなく、周囲の男たちの教養を高めるとか。私たちは男たちに自分のいる位置に留まるように、いや、本当はもっと身を引いて頂きたいと願っている。彼らに主役の座は与えないし、それに慣れてもらうしかない。

私がミサンドリーとフェミニズムを何度も並べて挙げているのは、何年もフェミニズムを学んでやっと、男性に対する敵対心が自分のなかで育っていくのを認識し、自分にとって近しい男性に対してもそれをごまかすことなく認めることができたから。フェミニストとしての絶え間ない実践があるからこそ、そこまで辿り着くための自信や自己肯定感を養うことができる。社会学的な観点から女性への暴力[iii]に関する数字が解析、分析されることで、いまや私たちは無敵になれる。個人的なものとして捉えられている人間関係に関して私たちが日頃から頻繁に感じ続けていることは政治的なものであり、構造的な特徴があるわけで、それは悲劇のヒロインになりたい女の単なる妄想というのではないのだ。

　路上で冷やかしを受けたり、信頼していた男性に暴力を振るわれたり、「家庭をなんとかまわして」いるのは自分一人だけではない。その状態に辟易するのは、自分の気が弱すぎるからでも、気が強すぎるからでもない。それは、すべての女性が

iii　これは、身体的暴力（暴行、レイプなど）だけではなく、「女性には良いリーダーになるための精神や素養がない」などの一般的な考え方のような象徴的な暴力も含んでいる。

深刻なレベルの不公平を被っているということなのだ。

私の友人や知り合いの間でも、このようなフェミニズムとミサンドリーの構図は同じだと捉えられている。彼女たちは、最初は「フランス的」なフェミニズムの意識（つまり、他国における男女平等への問題意識が高く、フランスはまだマシ、というような感覚）をもっているが、問題を深く掘り下げ、話を聞いているうちに、社会のあらゆる場所で起こっている現実に素直に腹を立て、心の底から怒りを感じるようになる。そして自分たちで調べていくうちに、男性と彼らの男性性が社会にとって、とりわけ女性にとって問題となっているという明らかな事実を突きつけられ、目が逸らせなくなる。結果、彼女たちはミサンドリーとなる。なぜなら、ほかに解決策がほとんどないし、それに男性たちの大半が恐ろしく凡庸であることに気づいてしまったとき、彼らをデフォルトで愛する理由はどこにもなくなるからだ。

男と一緒にいること

ある日女友だちと、自分の恋人を満足させているか考えもせず、奇妙にも自分は最高の恋人だと思い込んでいる男について話をしていて、つい「男はみんなゴミだ」と口を滑らせてしまった。するとその「議論」に参加していた一人が、要約するとこんなことを言った。「ちょっといい？　もうあんたのそれウンザリ。いかにも自分の彼氏は完璧ですみたいに簡単に言うけどさ、そんなことあるわけないでしょ」。一瞬、何も言えなかった。私の偽善が槍玉に挙げられたのだ。

だがもし明日自分が独りになったら、新しい男を見つけるのは難しい気がする。知らない人間と新たな関係を築き上げるエネルギーはもうないし、前は当然と思っていたこと、いまでもほとんどの男性（と女性）には当然だと思われていること、私と彼がここまで解きほどいてきたことに対して、私はもう以前ほど寛容にはなれないだろう。

以前ある男性と出会い、この人と結婚するだろうと思っていたとき、私は一七にもなっておらず、男を心底嫌いになるなんて考えもしなかった。男性は自分を見つめるための核となる存在だった。彼らの意見がすべてだった。かわいい（あるいは頭がいい、まあでもこれはあんまりなかったけど）とは一〇〇回くらい言われたけど、父親以外は真面目に言ってくれていたわけじゃない。だから決して信じなかった。私はちゃんと痩せてる？　服装は大丈夫？　いつか誰かが私を好きになってくれる？　心の奥ではそれはないと確信していた。なんとなくそう言われ続けて、自分は愛を知らずに一生を終えるのだと。少女たちはみなそう教えられるようなロマンチックな脳内。私のそれもかなりピンク色だったが、同時に、周りの同い年の男たちが愛を疎かにしてまで性を誇示し、求めているのもはっきりとわかった（そんなのに応えたくはなかったが、ボロボロの靴下みたいに捨てられないよう受け入れる必要があったんだな……）。それは若い女性ならみな警戒することだし、若い男たちに期待されることだし、そして感情が否定されることなのだ。

私が幸運だったのは、セックスを求めず、私と同じように怖がらずに愛を探し求める人と出会えたことだ。一七歳だった私は自分を好きになれず、不快（だけど極めて平凡）な人間と軽く付き合って、ときには自分でも気づかないまま傷つけられていた。私はフェミニストじゃなかった。自分の意見はまだはっきりと固められていなかったのだ。彼もそうだった。私たちは二人で、互いにいままでのものを解きほどき、新しいものを構築していった。そして二人の世界観はぴったり一致するようになってきた。

話をぶち壊すわけじゃないが、正直なところ、彼は完璧じゃない。確かにセックスを強要しないし、乱暴もしない。皿洗いもするし、掃除もするし、私を尊重してくれる。でも、それが完璧ってことだろうか？　それって最低限のことじゃないか？　それって、求められてる基準が低すぎて、男は難なくそれを超えられるってことじゃないか？

はっきり言って私も完璧じゃないし、完璧な人間なんていない。でも女性が自らのパートナーに向ける努力を、パートナーの側は果たしていないことのほうが多い。私たち女はカウンセリングに行き、心情を整えて安寧を保つための啓発本やどうやったらイケるか教えてくれる本を読み、感傷を共有し、会話をうまくコントロールする。スポーツやダイエットをし、コーデにも気を遣い、美容整形をし、コーチングしてもらい、仕事を変え、大笑いする……女たちは常にアップデートしてる。

私もヨガをして、メディテーションのアプリを使い、二種類のセラピーを受けて、温和なコミュニケーションについての本を読み、ときたま溢れ出す感情をコントロールする。典型的だろう。私も、すぐに激しい痴話喧嘩にならずに話し合えるよう彼に温和なコミュニケーションの方法を説明する。彼も私が買った本くらい読めるだろうに。もっと言えば（そうなったら本当にすごいけども！）満足のいく解決策がないのをみて先手を打って自分で解決策を提示することだってできるはずだろうに。でも実際はそんな風にはいかなかった。私が耐える必要があった。異性愛カップルにおいてはそれを学ぶことができるのは女性のみらしく、女性がそれを担わないといけない。男たちにもできないことはないが、それは外国語を学ぶのと同じだ。一度大人になってしまうととても難しくなるし、もし目の前の人間が自分の言葉で喋ってくれたら、どうしてわざわざ苦労して学ぶ必要があるのかというわけだ。

私は現在自分のパートナーを愛しているし、彼と別れようなんて微塵も思わないが、それでも男性に対する敵対心はもち続けているし、そのなかに彼も入っている。そう、それはあり得る。人生は複雑なのだ。私は個人的にも社会的にも、それを実感している。

でも一方で、この彼《ひと》の人間らしさ、その努力を日々目の当たりにしている。それは常に満足のいくものではないし、一進一退だ。でもその価値はある。私は彼が、男性性についての論理や議論を私を介してでしか学ばないことや、自分で自らの男性性（会話を遮ること、自分の間違いを認めないこと、私が不安を感じたり、泣いたりするときにちゃんと話を聞いて支えてくれないことなど……つまり根底で男性性とつながっているもの）を解体することができていないと常日頃から批判している。

自分は男性だから、男はみんなそうだからという理由で彼が凡庸でいられるのを私が阻止するのは、男性と平等な関係をもちうるべき女性たちへの敬意を私が自分自身に対してもっているからだ。

でも、だからといって自分の殻のなか、世界や社会から閉ざされたあぶくのなかに生きているわけじゃない。私は、男性が女性にまったく無関心である事実も毎日目の当たりにしている。レイプやハラスメント、フェミサイドの数、ネット上の議論を追い、男たちと出会い、彼らとやり取りをするなかでその会話に耳を傾けている。男性政治家の決定や、男性アーティストたちが私たち女性のことをどう表現するか。いまだに大きな笑いを誘う性差別的な冗談。自分の男性としての特権に薄々勘づいている男性たちの後ろで、幾人もの女性たちがその目を開かせるため尽力しているのが見える。その努力に気づく男たちはごくわずかだ。そして、いまだこんなにも多くの男たちが、呆れるほど頑固に、それに気づかないでいる。

ヒステリックで欲求不満のミサンドリーたち

女性が自らをミサンドリーだと宣言するのは難しい。宣言するとしても、含みをもった言い方か、皮肉を込めた言い方でないといけない。それはあくまで冗談で、男性のことが「心の底から」嫌いなわけではないことを常に（自分でも）確かめて安心させないといけないようだ。こうして家父長主義という制度的抑圧と、ミサンドリー的な侮辱という自我への「軽い」傷の間に大きな隔たりができる。私たち女性は、男性が嫌いであっても、誰も傷つけない。そもそも、男性が本当に嫌いなわけでもない。なぜかというと、私たちはみんな彼氏もいるし、兄弟だって、父親だって、同僚や友人だっていて、その人たちのことが好きだから。

フェミニスト同士ですら、男性に対する一般的な敵対心や懐疑心を声高に主張するのは憚られる。

まず、フェミニストの観点から考えると、こういう疑問が浮かぶ。ミサンドリーはまったくもって非生産的なのではないだろうか？　ミサンドリーによって、フェミニストの敵や反論者に、フェミニストはヒステリックで欲求不満、非合理的で執念深い女たちだとされ、私たちの主義主張が捻じ曲げられてはいないだろうか？　男たちに背中を向ける必要がどこにあるのか？　男たちに協力してもらいたくないのか？

そして、女の観点から考えても難しいことがある。諍《いさか》いや怒りというのは元来私たちがコントロールできる手段や感情ではない。私たちは、優しくわきまえた女性像を目指して、従順な女の子になるように教育されてきたのだ。率直に男性が嫌いだと宣言することは、自分という枠に収まりきらない大きな怒りを表現することであり、男性の欠点や罪を許容しながら彼らにこんなにも多くの居場所を与えてしまう社会全体と、このような私たちの思いの丈を聞く覚悟ができていない男性一人一人と対立することだ。

これらの疑問は的を得ているが、答えもいくつかある。

まず言いたいのは、私たちが喚き散らして主張を通そうとしていると言い張る人びと（ほぼ男性）に認められる必要が本当にあるのかということだ。ミサンドリーのせいで女性の怒りに耐えられない男性たちから遠のくことになるとして、だからなんなのだろうか？　彼らは私たちがそんなに努力する価値のある人間なのだろうか？　私たちと男性との関係がなぜ不公平であり、どうして彼らの特権を解体するべきなのか、聞く耳をもつ男性はいる。あるいは男はみんな腐ってると言っても、耳を傾けてくれる男性もいる。彼らは理解し、同意してくれてもいる。私たちが協力すべきは彼らとであって、私たちを押しのけてフェミニズムの第一線に立つような姿勢を責められることに耐えられない奴らとではない。

怒りと暴力を履き違える人は多いが、この二つは必ずしも一致しない。私たちが男性から下に見られたときの怒りは、男性たちが私たちを蔑み、暴行し殺すという暴力や、私たちを無視し、背を向け、嘲笑うような暴力とは比べ物にならない。優しく穏やかで受け身であるような限られた役割から女性が解放され、男性たちにより良い存在になるよう求めることで得られるものは大きいのだ。

だからもう、インターネットや現実で出会う一人一人に、「いやいや、私本当はミサンドリーじゃないっすよ。冗談。いつものユーモアだし、生活に男の影響や存在すらないのが良いとは、やっぱり言えないですよね」と焦って取り繕おうとは思わない。実際、私が自分はミサンドリーだと言うとき、冗談では言っていない。それなら、そうじゃないと言う必要があるだろうか。もう、優しくて感じのいいふりをして時間とエネルギーを無駄にするのは嫌だ。もしかすると単に私がそんな人間ではないのかもしれないけれど……でもそんなことはどうでもいいのだ。

女が嫌いな男たち

ミサンドリーを声高に宣言せずとも、男性という種を批判する態度をとるだけでかなりの非難を受ける。一般論として話す、つまり「男性のなかには」ではなく「男性とは」と語るだけでもうおしまいだ。その多くがまったくもって正当化できても、である。「祝！　これであなたもミサンドリー！　つまりミソジニーと同じ」。だがミサンドリーもミソジニーもセクシズムという同じコインの裏表と考えるのは集団の幻想にすぎない。問題は語源にある。二つの単語は同じ起源をもつ。でもだからまったく同じ大前提があるって？　本当に？　違う。人生というのはそんな単純にできてない。

ミサンドリーが男嫌いという特徴をもち、ミソジニーが女嫌いという特徴をもっているとしても、実のところこの二つの概念は、その対象がどれだけ危険な目に遭うか、どのような表現が使われているのかという点において平等ではない（一九八九年、モントリオールのポリテクニーク[1]であったように、ミソジニストはネット上のハラスメントからテロ行為にいたるまで、あらゆる武器を使うことを忘れてはいけない。いまのところこれに相当するようなミサンドリストはいないのだ）。ミサンドリーとミソジニーを同じだと考えてはいけない。なぜなら、前者は後者の結果として現れたからだ。

自分自身を断固として顧みないか、あるいはかなりの悪意がなければ、ほとんどの場合は男性が女性に対し振るってきた多大な暴力を無視することはできない。精神論の話ではない。事実なのだ。社会が家父長的であるということは、人類の半分を犠牲にしてでも自らの特権を利用したい男たちがいるということだ。狡猾な暴力もある。日常生活の片隅に流れるノイズみたいに陰湿で、女子たちが男女の関係においてそれが普通であると思いながら成長してしまうような悪質なもの。でも、新聞記事の見出しに大々的に載るような一目瞭然の暴力事件もある。

二〇一七年、パートナーから殺害の脅しを受けた人口の九割は女性だった。[1]同年、配偶者・元配偶者による殺人の被害者の八六％が女性だった。同時に、パートナーを殺害した一六人の女性のうち、少なくとも一一人、つまり六九％が家庭内暴力の被害者であった。[2] 二〇一九年には一四九人の女性が配偶者や元配偶者に殺害された。二〇一八年、家庭内暴力で有罪判決を受けた人間の九六％は男性で、性暴力で有罪判決を受けた九九％が男性だった。[3]

女性だけが性暴力やレイプの被害者ではない。でも男性に対する性暴力を取り上げた統計を見つけるのは難しい。[iv] 性暴力に関するタブー——男性はセックスには常に乗り気で、暴行されるはずがないという性差別的な偏見——に彼らは苛まれている。男性にとって性のトラウマを語るのはとても難しいという事実もある。男性は社会から、強く逞しく、何者にも譲らない態度が求められ、そうしないと「真の」男にはなれない。しかし男性への暴行の被害者のほとんどは未成年であり、[4] その加害者の大半は、やはり男性だ。[5] つまり、被害者のジェンダーや年齢に関わらず（つまり老若男女に関わらず、人類のすべてにおいて）、性差別的暴力の加害者の大半が男性であるということは何度も言わないといけない。

自らがミソジニーでセクシストだと声高に叫ぶ男性がわずかなことは明らかだ。

彼らはたいてい、いつになく雄弁に自らを弁解する。「私がセクシスト？　私の家には妻と娘がいて、二匹の雌猫と雌鶏が二〇羽もいる。うちはまったく女系家族なんだよ？」[v] よくあるやつだ。女性と関わっていればセクシズムの罪から逃れられるというやつ。確かに女が嫌いだと公言することは、もうあまり受け入れられない（静かで従順な女はもういない、なんていう発言もアウトだ）。ミソジニーであるこ

iv　英語の文献では刑務所における男性に対する性的暴行（囚人や刑務所の職員によるもの、また、数は少ないが女性によるものも含め）についての研究はかなりある。レイプが権力の問題でもあることの一つの証左だと言える。

v　二〇一七年、モントーバンの副市長であったフィリップ・ファザン氏が、自身のフェイスブックページへの投稿をきっかけにセクシズムを指摘された際に出したコメント。

とを誇らしげに掲げるなんてことでもないと、周りでミソジニストを見つけるのは難しくなってきたのかもしれない。でも女性に対して嫌がらせをし、暴力を振るい、暴行し、殺すような男性は、女性（と女性一般）に対する敬意をあまりもってるとは言えないし、そういった行為を問題だと捉えない男性も女性に嫌悪の感情があると言える。あるいは家父長制などというのはフェミニストの空想の産物で現実にはない、と考えているような男性も、セクシズムの体制に加担している。

一般論には、事実が矮小化されているのではなく現実が端的に表れていることだってある。にもかかわらず、例えば女性が男にはもううんざりだとつい口を滑らせてしまったときに「男がみんなレイプ犯というわけじゃない！」というふうにしか反応できないのは、かなり自己中心的な考えがあるからこそだろう。男は誰しもレイプ犯というのではない。だがレイプ犯のほとんどが男なのだ。そして、いままでレイプされてきた、あるいはこれからレイプされるかもしれない女性への加害者の大半は男性だ。問題はここだ。私たちの嫌悪感や気詰まり、懐疑心の根幹はここにあるのだ。

だが、その根幹は、レイプをしない男性たちの行為にも共通する。

二一世紀にもなって、まだ女性が買い物や子育てや感情労働を担わなければならず、男性は女たちが抱える精神的負担をわかち合ってくれないこと。公共の空間で私たちには居場所を与えず、自分の部屋の延長のように独り占めして、その満足げな笑みの横で私たちを道の端っこに追いやっていること。[6] 会話においてもそうだ。しきりに話を遮って私たちを見下しながら自分の提案をし、私たちの意見を自分のいいように捻じ曲げたり、私たちの言おうとしていることに聞く耳をもたないこと。

男子の間でなら誰にも迷惑はかけないと言って性差別的な冗談で――「本当は誘ってきてたのかもしれない、女子は嫌よ嫌よも好きのうちって言うし……」などと言って――爆笑していること。

ちょっと考えてみたら、男性を毛嫌いする理由なんて山ほどある。事実がそれを証明してる。ではなぜ男性は女性を嫌うのか？　幾千年もの間彼らはその支配的な立場の甘い汁を吸ってきた。そんな彼らの暴力を幾度となく受けるようなことを、私たちはしたのだろうか？

ミサンドリーには標的はあるが、ミソジニーのように、毎日のように集計にあがってくる忌まわしい数の犠牲者はいない。[vi] 私たち女は誰も殺さないし、傷つけない。男が好きな仕事や趣味をすることに対して何か言うこともないし、男がどんな服装でも、夜間に出歩いても、思うがままに自分を表現しても何も言わない。そうした点について男性に意見していいのはやっぱり男性だ。それはヘテロな家父長制の一部分なのだ。

私たちはミサンドリーだが、それはあくまで私たちの間での話。男が大嫌いでも、せいぜい冷静に寛容な態度を取り続けるくらいのものだ。あまりに数が多すぎる奴さんたちと、なんとかやっていかないといけないから（信じ難いだろうが本当のことだ。我慢ならないくらい殺してやりたいという思いをもたずに誰かを嫌悪することは可能なのだ）。究極の場合でも、もう金輪際関わらないか、あらかじめかなり厳しく男性を選別をするかのどちらかだ。だから、我らがミサンドリーを男性たちは怖がっている。私たちの目を引かないといけなくなってきている証拠だから。男性と関係をもつのは私たちにとって義務でも、宿命でもなく、そのほかの平等な関係と同じで、互いに敬意をもつべく努力する必要があるのだ。

ミソジニーの男性、女性に協力できない男性がいる限り、それらを許容し奨励するような社会がある限り、彼らとの関係に常に頭を抱えたり、身の危険を感じたりするのに辟易し、それを拒む女性たちはいなくならない。

vi　二〇一六年より Féminicides par (Ex) Compagnons〔(元)配偶者によるフェミニサイド〕という団体が行なっている集計にそれがうかがえる。ツイッターの@FeminicidesFR を参照してほしい。

女たちよ、怒りを轟かせよ

小さい頃、怒ったという記憶はあまりない。赤ん坊のときはそういうこともあったかもしれないが、幼少時代は絵に描いたような賢い子どもだった。怒ってはいけないと早くから教えられていたのだと思う。周りの大人の女性は誰も怒っていなかった。周りの女の子たちも。「誰も」と書いたが、子どもに対して大人が怒る場合は含まない。これはある種特異な怒りで、育児を行うなかでの精神的負担と不平等な役割分担が関係している。親としての責任をほとんど楽しいことでしか受けもたない父親よりも、母親のほうが怒る機会が多くなるという複雑な構造の一端を成しているのだ。

私の母親は、怒るということができた。インターネットのプロバイダに文句を言って、冷徹な物言いで問題と要求を表明し、意見を押し通すのは彼女だった。腹黒い店員や、カンニングをし、その上それを認めないような学生（彼女は教師である）や、不快な同僚に対して、彼女はあの冷たい声で話すのである。これを私は魔法の力と呼んでいた。そして、それが偉大な力だと気づいたのは、社会に出て自分を欺こうとする人間に出会った際、彼女のように冷静に権利を主張することが到底できなかったときだった。

しかし（夫や父親といった）身近で大事な人たちとの諍いにおいては、母は怒りを表すのが苦手だ。私と同じで文句を言っては泣いている。苛立ちの感情が溢れ出して大粒の涙となり、結局何も言えなくなるのである。これは私の体験でもある。というのも、私も（自分の夫に対し）彼女と同じやり方をしてもいつも失敗するからだ。愛する人、日々の生活を共にする人に叱責や批判を浴びせるのは難しい。男性に対して叱責し批判を浴びせるのが難しいということかもしれない。

男性の怒りというのは壮絶だ。単に怒鳴り散らして物に当たるだけじゃないことを、配偶者に暴力を振るわれた女性たちが証明している。要は男性の怒りは攻撃性に溢れているのだ。小さい男の子はいつも怒るように、そしてやり返すように促される。女の子のように泣きべそをかくよりもいいから、と。映画のなかでも（そしてときには日常でも）、学校で少年がほかの少年から罵られ、からかわれ、殴られたりすると、父親や、男らしく逞しい男性がやり返せと促す。「男の子はそうやって身を護らないと」といった風に。

私が中学生だったとき、ある女の子が何かのきっかけで私に対して怒り、みんなの前で平手打ちをかまして逃げ去った。もし私が男だったら、その場にいた友人たちはやり返せと囃し立てただろうし、よくある休み時間の取っ組み合いになっていただろう。でも、私たちは女の子。大人も同級生も、何よりもまず女子が暴力を振るったということにショックを受け、起こったことを忘れるように私に促した。その子に平手打ちをやり返すという考えはまったく浮かばなかった。彼女が私をよく思っていなかったということに、私は辱められたし、悲しかった。でも怒りは感じなかった。

このどちらの場合においても、私たちが教え込まれた規範は有害なものだ。不公平な状況や諍いがあった場合に、男の子に暴力を奨励するのも、女の子に受け身であれと強いるのも、本人にとっても周りにとっても妥当な答えではない。じゃあ、子どもたちにとってもっと建設的な答えとは何だろうか？

私が怒りを再び表現し始めたのはずっと後、フェミニストになってからだ。私がたいてい泣いていたようなことは、本当は怒鳴るべきことだった。誰かとの諍いのなかで、不公平に対し泣き寝入りすることで、私はある意味負けを認めてきたのだ。だから私は変わった。自分自身のために反論することを学んだ。諍いをさらなる諍いに発展させてはいけないが、譲ってはいけないことがあるのだ。ただ、想像に難くないだろうが、怒りを露わにすれば批判が返ってくる。

親しい関係、つまり男女カップルにおける口論は、男女の社会化の差異が現れる格好の舞台だ。なかには、声を荒げずにはいられない人もいる。面と向かって批判されるのは決して気持ちのいいものではないのだ。だが、女性が男性とカップルである場合、単に彼女たちにとって怒りを表す余地がないという場合もある。現状に甘んじてはいけないと、絶望をぶちまけて泣いてしまうと（私もよくやる）、「感情的だ」とか「誇張してる」とか言われてしまう。私たちが怒って、何がいけないのかを説明し問題を解決しようとすると、乱暴だとか言われ、「叫ぶような説明じゃ何もわからないだろ」とよくあるやり方で一蹴される。兎にも角にも、当事者たちの話を聞いていると、ヘテロのカップルでは女性のほうが口論の原因であると考えられがちだ。だがこれは、生物学的に女性のほうが粗探しをするのが得意な傾向にあると捉えるよりも、その口論の原因に目を向けるべきだろう。その口論は不公平な状況を打開したいという思いから始まったのではないだろうか。そして精神的に追い詰められていたり、往々にして男性がパートナーの言い分を聞かないなかで、女性たちは櫓《やぐら》に登るしかないと考える。女性が口論の原因だと批判するのは事実を歪曲している。そもそもそれは差別なのだ。

口論そのものは、本来的には良いものだ。口論は、関係における問題が露わになるということはあれども、問題の核心に触れ、それを解決したいと思うからこそ発生するものなのだ。口論の原因が日常生活にあるとき、それは苦境に立たされた女性が警告を発していることが多いが、男性はといえば（女性が泣く、叫ぶといった）その表現方法にしか目を向けず、それを一蹴する。これは批判をかわし、我が身を省みるのを拒否するやり方だ。感情ではなく理屈や理性という領域を選ぶ男たちは、権力的な立場にある。どんな状況でも理性的で冷静でいられるのは、苦しむことのない立場にある支配者だけだ。彼らはその原因を理解したくない、責任を負いたくないとして、話している相手の感情に耳を貸さないという選択をしているにすぎない。

もちろん男女間の諍いの原因がいつも女性の精神的・感情的な負担というわけではないし、パートナーからの批判に耳を貸さない男性ばかりでもない。女性は口論において絶対正しい、と言いたいのでもない。

だが、女性たちが「取るに足らないこと」の当事者として苛まれているという話のなかで繰り返し現れるパターンがある。それはインスタグラムや（フェミニストのコリーヌ・シャルパンティエが『T'as pensé à?〔それ、考えてる?〕』で精神的負担について述べている）、数々の雑誌の記事が、女性がフェミニストとして男性と一緒になることの難しさを取り上げていることでもわかる。[7] 周りの男たちがなんと言おうと、そして、私たちも自分自身に角を立てないよう我慢しなきゃと言い聞かせているからと言って、私たちの精神的負担は単なる妄想ではないのだ。

ミサンドリーは怒りから生まれ、怒りによって大きくなる。フェミニストたちは常に、家庭内の領域に属する私的な怒りと、公的な領域に属する怒りに関係性を見出してきた。「個人的なことは政治的なこと」だ。賃金格差から、誰が洗濯機を回すのかということまで。しかし、長きにわたり女の怒りはフェミニストの怒りとして表現されてこなかった。溢れ出す感情というものは心底嫌われてきたし、それが女性からならなおさらだ。この「女性的な」怒りに価値を見出すのに、幾年もの年月がかかった。この怒りは、何世紀もの間纏わりついてきたタブーを打ち破り、認められつつある。その主張は文字となり、[vii] その根幹が露わになり、男の怒りと比較されている。女の怒りは存在するのだ。私たちはそれを深く慈しむ必要がある。正義を求め、償いを求め、諦めに屈しないよう胸に怒りの灯火を焚きつけなければならない。男たちに自らの言動を省みさせ、私たちの革命に躍動を与えるもの。それが怒りなのだ。

vii 例えば *Libérer la colère*〔怒りの解放〕, Geneviève Morand, Natalie-Ann Roy, emue-Méninge, 2018.

男みたいに凡庸に

男性に対する怒りが把握できると、今度は自分がとても無力だと感じた。周りの無能な男たちにどう対処するべきか。彼らをリサイクル不可のゴミ箱に捨ててしまったら、生活にぽっかり穴が空くのではないだろうか？　私たちは森の奥の廃れた小屋にひっそりと隠れるしかないのだろうか？

ここで朗報です。人類を構成しているのは男だけではない！　信じ難いことだと思う。彼らはこれだけ幅を利かせていて、なくてはならない存在だとみんなに思わせてきたのだから。でも大丈夫！　男がほとんどいなくなったら、周りに（自分たちみたいな）最高の女がたくさんいることがわかるから。そして、騒々しくて有害な男たちが常に存在していたせいでそのことに気づけず、女たちの価値が認められなくなっていただけだと気づくから。日常において男たちの存在が大きすぎるせいで自らを軽んじてしまうのにはなんとも驚かされる。男がみんな有害ってわけじゃないけど、男性の意見は（道端でいきなり浴びせられるそれですら）自分の意見よりも重要なのだと早くから教えられたがために、それに抗うのが厄介になってる。

対等だと思っている関係においてですら、自分を磨いて、世間的に周囲の男たちにとって感じよく振る舞ってしまう人は私たちのなかでも少なくない。私たちは、着心地最悪のモテ服を買って、パートナーにとって「いつまでも魅力的」でないといけない。すぐに冷蔵庫に入れてと何回も言っているのに奴が今日もまた牛乳を外に出しっぱなしだとしても、ぐっと抑えないといけない（私は奴の母親じゃないし、些細なことで不平を言うのも疲れた）。[viii] 男たちを不安にさせないためとか、自分の主張に自信がもてないといった理由で、私たちは反論するのを控える。関係に刺激

viii　こういった表現が異性愛のカップルからよく聞こえてくるのは興味深い。これは一人では何もちゃんとできない子どもみたいな男に対する女たちの心の叫びだ。大人同士の関係にもかかわらず男が女に母親の役割を求めることを、女たちは拒絶しているのだ。

を与えるために不快なからだの関係を許容したり、あるいは反対に性欲を抑えて女性に求められているイメージを壊さないようファンタズムを隠し通したりする。

自らのカーソルを自らの心とからだではなく男の（それも一人ではなく人生で遭遇する何人もの）独裁的な意見に合わせるとき、自分はもう本当の意味で自分らしく生きることはできなくなる。

いつからか、私の人生をある格言が支えてくれている。「凡庸な男ですら自信をもてるのなら、あなただって自信をもてるはず[ix]」。自分に自信のなくなったときは、傲慢さという魔法で自分たちの無能さを能力へとすり替えてしまう凡庸な男たち[x]のことを考えるのだ。私たち女が苛まれているインポスター症候群(2)の真反対に位置するこの詐欺師《インポスター》のような厚かましさは、男特有のものだ。私たちが議論で引っ張ってくる数字に間違いがないか強迫観念に陥ったり、あるテーマについてしっかりと話せるだけの文献を読めていないと感じたり、あるポストに就くのに十分な教育を受けていない、あるいは経験がないと感じたりするのは、彼らの腹立たしい厚かましさが原因だ。本当に腹が立つ。彼ら無能な男たちは、ホラを吹き、ぶくぶくに膨らんだエゴを掲げ、自分たちよりも有能な人間の居場所を奪い取る。私たち女が自分を疑うようにと常に言われてきた一方で、男たちはあたかも自分のタマがランタンさながらの光を放っているかのように周りに戯言を信じ込ませ、自らの無知や無能さをごまかすことができると確信をもつよう育てられてきた。あるポストの募集があると男性は「挑戦してみる」。そして「その後はなんとかなる」と考える傾向に

ix　二〇一五年、人種主義反対を訴える作家サラ・ハギが“DAILY PRAYER TO COMBAT IMPOSTOR SYNDROME: God give me confidence of a mediocre white dude〔インポスター症候群を克服すべく今日も祈る：神よ無能な白人男性の自信を私に与えたまえ〕”とツイッターで発言した。

x　どんな男の話をしてるかは、わかるよね……。

あるのに対し、女性は「その仕事に自分がきちんと適しているか」を考える、というLinkedIn[8]の調査がいい例だろう。

しかしここにはある教訓、つまり私たち女が目指すべき理想的な考え方がある。自分を過小評価するのをやめる。もっと主張する。そして、自分を見失いそうなときは「無能な男に対して私たちはどう振る舞うべきか」と、常に、絶えず、問いかけることだ。

凡庸な男並みに自信をもつことは、要は自分に対して優しくなることだ。男たちが、ある分野や領域でそのすべてを網羅せずとも自分の道を見つけられるなら、私たちだって自分に譲歩してもいいんじゃないだろうか。子どもをパートナーに預けて出張し、罪悪感で眠れない男性がどこにいるだろう。同僚との意見の食い違いが二週間も続き、自分が露骨すぎたのではと悩む男性がどこにいるのか。男性のほとんどがそうであるように女も人間関係をお粗末な水準にまで落とせと言っているのではない。もう、聖母とワンダーウーマンがミックスされたような人物にはなれないと自分を責めたりせず、欠点をもった人間でいいと自分を受け止めるべきなんじゃないかと言いたいのだ。男性に求められる物事の水準はとてつもなく低いのに、それが女性に対してはとてつもなく高くなる。もう、ブスでも、ダサくても、下品でも、意地悪でも、怒りっぽくても、部屋が汚くても、疲れてもエゴイストでも、欠陥があっても、いいじゃないか……。

男性たちの存在に比重を置かなければ彼らがいかに凡庸であるかがわかるし、彼らをどかせる勇気が出てくる。奴らの術中にはまらなければ、私たちはようやく本来の居場所を勝ち取ることができるのだ。

異性愛の罠

異性を愛せと言われることが非常に危険なのは、男性としか関係をもつことができないだけでなく、なぜ男性なのかという問いなしに、彼らと関係をもつようになってしまう点だ。もちろんそこには愛がある。私がそれを否定する権利はない。だが、いままでもこれからも、人びとがカップルになるのは愛のためだけではない。

女の子であれ男の子であれ、私たちは子どもの頃から制約を受けてきた。子どもたちは「好きな人」ができるものとされる。「好きな人いるの？」という質問は、その意味がまだわからない年齢の子どもにさえ浴びせられる。四歳児にとって「好きな人がいる」というのは、「好きな人」と呼ぶ人をまったく合理に適っておらず具体的でもないような形で「所有」する、ということ以外の何ものでもない。そして幼い頃から、子どもたちは好きな人がいないと問題であるかのように扱われる。「まだ時間はたっぷりある」と言ってもらえるが、好きな人がいないという選択肢はありえない。女の子たちは、王子様のキスを待つ眠り姫や子どもたちを食べてしまう孤独で意地悪な魔女といったメディアによる偏見と押し付けを鵜呑みにし、その考えを強固なものにしていく。男の子たちはといえば、そういった考えとは微妙に違う見方をもって育つ。偉大な試練を成し遂げたり、超人的な力をもったりする孤独なヒーローがたくさんいる想像の世界があるからだ。根底にあるメッセージはほとんど同じだが、男の子たちのほうがより多くの可能性を広げる機会に恵まれている。彼らには、鬱屈で無気力極まりない孤独のなかで内省にふけるといった環境はない。自分たちに内在する価値が彼女や妻によって制約されたりしていないからだ。男の子たちは波瀾万丈な人生のアクターであれ、夢を掴め、試練の山をよじ登れと鼓舞される。女の子たちは素敵な王子様を待つ。そして後に、なぜ自分から一歩踏み出さなければ関係が始まらないのかと不思議に思う（そして、自分の欲しいものがわかっていて、しかもそれを掲げる女性なんてとんでもない、と思うのだ）。

女性はカップルでいなければいけない。男性に属する女性のほうが、独り身の女性よりも価値があるからだ。独身で子なしの女性が自己中心的で気難しいとされる一方で、既婚で子持ちの女性は寛大で生来の穏やかさを発揮していると捉えられる。

女性たちは、男性といることが何よりも彼女たちにとって幸運であると執拗に説得され、独身である自らの存在に「猫好きの子どもおばさん」という不吉な影を投影し、それを鵜呑みにしてしまう。

だが話を聞いていると、どうやら独身子なしの女性たちは誰よりも幸せそうだ。[9] 精神的に滅入る要素は自分のことだけになる人生、パートナーが不器用すぎてその役割をまっとうできないことに悩まされることのない人生を想像すれば、これは当然といえば当然だろう。先に引用した行動科学の教授であるポール・ドーランはこう結論づける。

「四〇歳子なし独身女性に、『ああ、もったいない！　いつかいい人が見つかるよ』と言うのは間違っています。彼女はダメな男に出会って、もっと不幸になり、不健康になり、早死にするかもしれないのです[xi]」。

つまり、女性が男性の腕に飛び込むのは、まさに男性の幸福か、少なくとも男性の福祉の担保のためなのだ。女性は、ヘテロの関係でしか解放されないと言い切られ、それを信じてガチガチに追い詰められていく。そして自分に自信をなくしていく。

でも女たちが、独身で生きることを何かの制裁ではなく長所も短所もある一つの経験として認めたら、「男」、そうどんな男も人生にはいらないことを（再）発見するだろう。心ゆくまで自分自身の自立と自由を謳歌するだろう。そして、必要だからではなく、お互いに成熟できるような未来を目指したいと真に思えるような人と

---

xi 《*You see a single woman of 40, who has never had children – 'Bless, that's a shame, isn't it? Maybe one day you'll meet the right guy and that'll change.' No, maybe she'll meet the wrong guy and that'll change. Maybe she'll meet a guy who makes her less happy and healthy, and die sooner.*》著者による仏訳。

出会うとき、その人がパートナーとなるのだ。一人でいると寂しい未来しかないからでも、旦那さまの靴下を洗ったり予定を管理したりする人が必要だからでもない。異性愛というのはある種の罠だ。親密な関係は絶対であり、本質的に自然であり、二人の関係に意味を与えるものが何であるかという問いになんら疑問をもたせない、という。だけど、一夫一婦制の異性関係は自然なものではなく、服を着たり、仕事に自転車通勤することと同じくらい社会的なものなのだ。女性は長い間、(冷淡で怠惰で無関心でも)男性がいるから自らを解放できると目を眩まされてきた。独りでいるよりはいい、と。

だから、女たちのために生きる喜びを自らの手で感じ、孤独が怖くなるようなメカニズムからはすぐさま抜け出し、人と関係をもつのに相応しいきちんとした理由を見つけよう。恋愛関係ではない、がっちりとした深く真摯な関係を作り、恋人がいなくとも独りになることのない、愛される関係のネットワークを作っていこう。自分の受け入れられる要求の限界を知ろう。そして、その限界を相手に知らしめることも。（私は楽観的な方なので）異性愛の関係がすべて害のあるものだと言ってはいない。期待に添えるだけの答えを待っていれば、（人間関係すべてに言えるように）相手を所有したり利用したりするのではなく、尊敬し、耳を傾け、互いに支え合える恋愛関係を構築するのに相応しいパートナーに出会える可能性がもっと増えるかもしれない。何よりも、私たち女性のつながりを大事にできるパートナーに。

シスター（フッド）

若い頃、自分がほかの女子とはちがうことを鼻にかけていた。いわゆる女らしい趣味にはあんまり共感できなかったし、女子のグループは苦手だったので、男子のグループのなかでかっこいい女子を演じていた。かっこいい女子を演じて、「あいつらほかの女子」をバカにする以上の快感ってあるだろうか。男子のグループには特別な何かがあって、彼らとつるんでいるほうが断然楽しそうだった。まあ結局、その男臭い環境にも馴染めないとすぐにわかったんだけど。私が彼らのお気に入りになりたいと思っていたのをいいように利用した男たちのせいかもしれない。とにかく「あいつらほかの女子」と距離を置いて男子に認めてもらおうとすることで、惨めな人間になっていたのは私だった。

男を信頼し、気に入られたいという私たちのなかに深く染みついた習慣と現実との折り合いを、どうやってつけたらいいのか？　誰だって、人生で一回はセクシズムの被害に遭った女性に出会っている。分不相応な立場に男たちを野放しにしておきながら、周りの女性の良き理解者になることはできない。男性を美化し続けるならば、どんなに好意をもって努力しても、親愛なる姉妹たちが私たちに期待できることと、私たちが実際彼女たちにできることの間との距離は縮まらないだろう。

　いま私にとっては、自分の身近にいる女性たちの強い味方になることが最優先事項だ。女性たちには私がいることで安心してほしいし、性暴力の被害にあったときはいつでもここにいるということを知ってほしい。私は、彼女たちが私を頼っていると一秒たりとも信じて疑ったことはない。彼女らの経験を矮小化したり、責任を追及したりしない。たとえ暴力を犯した張本人を知っていても。いや、知っているからこそ、安心してほしい。私はそいつを庇ったり、そいつとの関係をなおも保とうとは思わない。(特にカップルにおける)性暴力は見方によって人それぞれだとか、プライベートの問題だと考えているような人間にはなりたくない。

　女性の信頼に足る人間になる。これは私のなかで何よりも急がなければならない最優先事項であり、彼女たちがトラウマに苛まれていたり、うつ状態のときのみそうあればいいというわけにはいかない。シスターフッドは私のコンパスなのだ。私の周りには、私が愛し支えるべき、光輝き才能に溢れ、向上心も強く、驚くほど生き生きとした女性がたくさんいる。彼女たち、そしてすべての女性にこの良識あるエネルギーを捧げたい。男たちが人生の選択を認めてもらい、慰められ、自分の価値を再確認するのに私は必要ない。そして、女の関係はほとんどが助け合いだ。私も、いままで私に支えを求めてきた友人たちを頼ることができる。打ちのめされ、自分を信じられなくなったり、一人では到底耐えられないようなひどいことがあったときには、電話をとって彼女たちに助けを求めることができるのだ。

私がふだんつるんでいる男たちはみんなとても寛大だが、女たちと同じようなことはできない。彼らは同情したり、話を聞いてくれたり気を遣ってくれたりするが、限界がある。男性は、私がただ話を聞いてほしい、寄りかかる肩を貸してほしいだけのときであっても、解決策を提示し、問題を解消し、悲しみを理性でもって扱おうとする。この、救世主のように解決策を提示するという男性の典型的な態度は、無意識に私を黙らせようとしているだけなのではないかとすら思ってしまう。

ずっと男性に譲歩してきた。私が、見返りもないのに彼らのために時間を費やし、彼らの「お眼鏡にかなう」よう努力する一方、彼らは同じような努力はしなかった。そう、私の人生の大部分を彼らが占めてきたにもかかわらず、私は彼らの優先事項ではないし、私は彼らを敬っているにもかかわらず、優先されるのはほかの男性なのである。だから、私も女たちを優先する。私が読む本、観る映画、私が楽しむその内容、そして日常の人間関係において、二度と男に居場所を占領されないように。私の気分を上げ、私に有益なものをもたらし、私を育ててくれるシスターフッドを優先するのだ。クリエイティブな活動や運動、自分自身や社会について考えること……こんなにもたくさんの場所で自分自身を確立するのに、もう男性は必要ないとわかったから。

ああ素晴らしきお料理会、パジャマパーティー、そして女子会

女の集まりは魔女の集会だ。

男たちは政治的でないこの集まりを無意味で滑稽なものと捉える。だがときに、この闘いの担い手たちの集まりは男にとって排他的で脅威となる。どちらにしろ、男たちはなんとしてでも阻止しようとする。男を排除するこの集まりに憤慨した(とりわけ優遇された立場にある)男たちはしかし、自分たちが力をもっている限り、女性や自分たちと異なる人間を排除するような集まりを受け入れてきた。そうした男たちはハプニングをもたらすのが大好きで、招かれざる客が乗り込むのは失礼ではないかとか、やっていいのかなどとは考えもしないで集まりにたかってくる。殿方はどうやら私たちのグループから弾き出されるのに耐えられないらしい。何もすることがなくても。

抑圧的な「有害な男らしさ[3]」は閉鎖的な男性のグループで形成される。サッカー部から始まり、アメリカ的な社交クラブ(フランスも同様。医学部の学生サークルとか)、LOL同盟[4]や国を跨ぐ統治機関まで、男たちを放っておくとろくなことがない。話を聞く分には、彼らはただ楽しく気の合う仲間と助け合っているように見える。だがその実際のところは、男らしさを誇示し合って勢力とネットワークの拡大を図る、闘鶏の一環に過ぎない。いや、闘牛と言ったほうがいいかもしれない。なぜなら結局のところその過程で傷つくのは彼らではないのだ。「男子会」の会員証を得るには女性やマイノリティを代償として蔑まなければならず、それならそうしましょうというわけだ。そうしたところで自分たちはほとんど何も困らないから。

男たちが有害で軽薄な、内なる男性らしさを作り上げれば、それだけ私たち女性や女性と同じような立場にある人びとが離れていくのだ。彼らが、男性を排除したフェミニスト集会に憤慨し私たちを批判するのは、政治的な集まりにもかかわらず彼らに発言権がないからであって、女たちが集まることそのものに対して怒っているのではない。現に彼らは編み物サークルや母親たちの団体、お料理会には見向きもしない。彼らが耐えられない、もっと言えば恐れているのは、私たちが組織化して集まり、政治的な集団を作り上げ、アイデアを出して行動を起こすことだ。そして、彼らに一切の重要な役割を与えないことなのだ。

「女子会」は女が本来もつ軽薄さの現れだと言わんばかりに、男たちに冷やかされ、蔑まれる。ウイスキーを嗜みながらポーカーをするほうがよほど知的だと言わんばかりに。だがこの時間は軽率でも無駄でもない。編み物サークルもパジャマパーティーも、重要で素晴らしき時間だ。

なぜなら女の連帯は決して軽薄なものではなく、常に政治と関わっているものだから。私たちが高らかに声を上げ、プラカードに言葉をきざむのは、新たな試みとしてではない。陰から抜け出すため、男たちに取り上げられてきたものを要求するためだ。彼らは私たちが互いに近づくのを阻み、公共の場、政治の場から女たちを遠ざけるのに躍起になっている。それは、かつては公に繰り広げられ、そして現代ではこっそりと続けられている。彼らはそうやって女たちの集まりをバカにし、女の集まりに対する考えを矮小化し、私たちには彼らの支えのみが必要で、それだけが私たちを満足させるのだと思い込ませる。

女たちの空間では、シスターフッドが育てられる。そこは、浅はかで、軽薄な空間かもしれない。ファッションや料理や縫いものの話をしているかもしれない。もちろんそうした趣味が女らしいと捉えられるからといって、それが悪いとか、それをしてはいけないなんてことはない。男が料理は女のものだと考えるからといって、自分の好きなこと、自分を解放してくれるものを嫌いになっていいわけはない。一見浅はかに見えるものにも、力強い作用が働いている。

私たちには、男たちの関心など必要としない時空間を作り上げる力がある。そこでは、私たちの眼中に男たちの姿はなく、呼ばれたときにだけフワッと湧いて出てくる。そこでは、彼ら男性たちについて話すのも自由だし、彼らのことをまったく話さないことも自由。彼ら以外のすべての人びとと、女たちの人生に居場所を与えるのも自由。そこでは、私たちが心の底から必要としてやまない、生活の精神的な糧が見つかるはずだ。この「無男地帯《ノーマンズランド》」は、私たちに恐れること、喜ぶこと、怒る機会を与えてくれる。そして何よりも、女たちは互いに忌み嫌い合うだけの存在だとされている世界で、分断させられることがない。
女たちよ、集うときが来た。力を合わせれば、私たちは恐るべき力を発揮することができるのだ。

ミサンドリーを宣言し、行動に移すことを恐れる必要はもうない。男を、そして彼らが象徴するものを嫌うことは私たちのもつれっきとした権利だ。それは祝祭でもある。ミサンドリーがこんなに楽しいものだなんて、誰が思ったろう？　家父長制社会が押しつけてきたこととは反対に、ミサンドリーは私たちを卑屈にも、孤独にもしない。男嫌いは、あらゆる形で女性（そして私たち自身）のための、愛への扉を開くはずだ。私たちは自らを解き放つため、この愛——そしてシスターフッド——が必要なのである。

注

1 女男平等高等評議会「ベンチマーク」
http://haut-conseil-egalite.gouv.fr/violences-de- genre/reperes-statistiques/

2 Stop Violences Femmes. (s.d.). *Chiffres de référence sur les violences faites aux femmes.*〔「女性に対する暴力に関する参考値」〕
https://stop-violences-femmes.gouv. fr/les-chiffres-de-reference-sur-les.html

3 *Stop Violences Femmes. La lettre de l'Observatoire des violences faites aux femmes no 13 Novembre 2018,*〔女性に対する暴力監査機構ニュースレター No.13、二〇一八年一一月号〕*Les violences au sein du couple et les violences sexuelles en France en 2017.*〔『二〇一七年フランスにおける夫婦内暴力と性暴力』〕
https://www.stop-violences-femmes.gouv.fr/IMG/ pdf/violences_au_sein_du_couple_et_violences_sexuelles_novembre_2018.pdf

4 Stop Violences Femmes. (novembre 2019). *Vio- lences au sein du couple et violences sexuelles. Indica- teurs annuels 2018.*〔『家庭内暴力と性暴力 年次指標 2018 年版』〕
https://www.stop- violences-femmes.gouv.fr/data/Synth%C3%A8se_Violences%20au%20sein%20du%20couple%20 et%20violences%20sexuelles_novembre%202019.pdf

5 *Pédophilie. Don- nées statistiques du phénomène en France.*〔ユニバーサリス百科事典『小児愛：フランスにおける現象の統計データ』〕
https://www.universalis.fr/encyclopedie/pedo-philie/5-donnees-statistiques-du-phenomene-en- france/

6 RenARd, N. (9 avril 2012). *Les attributs du pouvoir et leur confiscation aux femmes. Le genre et l'espace.* Consulté sur https://antisexisme.net/2012/04/09/ le-genre-et-lespace/

7 LePORTOIs, D. (7 octobre 2019). *Le couple ou les convictions, une féministe*

hétéro aura difficilement les deux.〔『カップルか、はたまた信念か。ヘテロのフェミニストに両立は困難かもしれない』〕
http://www.slate.fr/egalites/le-feminisme-lepreuve-du-couple-hetero/episode-1-repartition-inequitable-taches-genre

8 DuPORT, P. (15 mai 2019). *Offres d'emploi : les femmes postulent moins souvent que les hommes.*〔『求人：男性より少ない女性の応募』〕
https://www.francetvinfo.fr/replay-radio/c-est- mon-boulot/offres-d-emploi-les-femmes-postulent- moins-souvent-que-les-hommes_3425639.html

9 CAIn, S. (25 mai 2019). *Women are happier without children or a spouse, says happiness expert.*〔『子どもや配偶者のいない女性のほうが幸せ——幸福の専門家の意見』〕
https://www.theguardian.com/lifeandstyle/2019/ may/25/women-happier-without-children-or-a- spouse-happiness-expert

訳注

（1）一九八九年のカナダケベック州・モントリオール理工科大学での虐殺事件を指している。犯人は大学の教室で男子学生と女子学生を分けた後、フェミニズムに反対していることを告げ、半自動小銃と狩猟用ナイフを用いて女性ばかり二八人を銃撃、うち一四人を殺害、一四人に怪我を負わせた後、自殺した（Chun, Wendy Hui Kyong (1999). "Unbearable Witness: towards a Politics of Listening". *Journal of Feminist Cultural Studies* 11 (1): 112-149)。

（2）社会的に成功した人びとに多く見られる、自分の達成を内面的に肯定できず、自分は詐欺師であると感じる傾向のこと。この症候群にある人びとは、外的には能力を認められておりその証拠があるにもかかわらず、自らは成功に値しないと考え、その成功は単に幸運によるものか、実際よりも能力があるとして他人を騙したことで手に入れた結果だと考えてしまう（Clance, P.R.; Imes, S.A. (1978). "The imposter phenomenon in high achieving women: dynamics and therapeutic intervention.". *Psychotherapy: Theory, Research and Practice* 15 (3): 241-247.)。

(3)「Toxic masculinity（有害な男らしさ）」とは男性に課される伝統的な規範や期待を意味し、男性はタフで、感情を表に出さず、支配的かつ攻撃的であるべきとする文化的・社会的な構成概念であり、暴力やセクシャルハラスメント、差別などの有害な行動につながる構造であるとされている。「有害な男らしさ」は、男性が感情を表現し、助けやサポートを求め、健全な人間関係を形成することを妨げる規範であり、それを受け入れる本人だけでなく周囲の人びとや社会全体にも悪影響を及ぼし、ジェンダーに基づく暴力、不健全な競争、弱さを恥じる文化などを助長すると指摘されている。

(4)二〇一九年二月、フランスメディアで働く若い男性記者らがフェイスブックで非公開グループ「LOL同盟（League of LOL)」を作成・運営し、フェミニストとみられる女性記者らに対し、顔写真とわいせつ画像を合成するなどの嫌がらせをはじめとしたネットいじめを働いていたことが明らかになった。

左派系日刊紙『リベラシオン』の調査によってグループの存在が明らかになり、その創設者が停職処分となった。また日刊紙『ルモンド』もＬＯＬ同盟のフェイスブックページに投稿した内容を原因として、出資先のニュースサイト「ハフィントンポスト（Huffington Post）」仏語版の記者三人を解雇した。被害女性らによると、グループによる中傷や迷惑行為により女性記者一人が退職を余儀なくされ、一人の女性が自殺に追い込まれたという（「仏男性記者ら、ＦＢの非公開グループで女性記者をネットいじめ」『AFP BB News』二〇一九年二月一二日配信記事、二〇二三年二月最終閲覧）。

謝辞

私にこの本を書くように勧めると同時に、私の子どもの頃からの大きな夢を実現する手助けをしてくれたコリーヌとマーティン。アドバイスや批判、考える機会を与えてくれ、そして私を信頼してくれたことに、心より感謝の気持ちを表したい。アナイスがいなければ、おそらくまともなものは書けなかった。友人として、また執筆の相棒として迎えた彼女は私の宝。本書の冒頭を校正し、厳粛かつ貴重な視線を送ってくれたルーシーをハグしたい！　実は彼女は大の仲良しでもあるのだ。この本の執筆中幾度となくパニック状態になったが、いつもそばで私を支えてくれた姉のマリアーヌにも心からの感謝を捧げたい。

友人であるレティシア、ネプシー、ベネ、サラの熱意とサポートは、私が自分の言葉を再び信じることができるようにしてくれた。ロックダウンの間私の正気を保ってくれた女子たちにも感謝。遠隔女子会はサイコーだった。性差別・性暴力と闘うグループ「レシャペ」の女性たちを賞賛したい。個人として集団として、彼女たちの献身、勇気、ラジカルな考え方、そして優しさと博愛は、常にインスピレーションをくれる。

Tipeeeで日頃から応援してくださっている方々、そして、物書きとしての人生を少しずつでも築き上げる手助けをしてくださっている方々に、特別な感謝を捧げたい。

二人の間でまず自分から私を信じてくれたマチューに愛でいっぱいのお礼を言いたい。

そしてもちろん、この地球上で最もかわいい猫、闇夜を照らしてくれたイレブンにも感謝（ただしドアの断熱材をはがすのはやめてくれたら嬉しいんだが……）。

さらに踏み込んで

自分の人生において男性が常に優先されることのないようにどうしたらいいか考えているあなたに、さまざまなメディアにおいて男性のヘゲモニーに（比較的）挑戦している作品を少しまとめてみた。そしてこれらの本・ポッドキャスト・テレビドラマ・映画は、強くてユニークな女子たちの絆を前に出していることが多い。そんなの偶然だって？　私はそうは思わない。

書籍

● *Nous les filles de nulle part*, de Amy Reed〔エイミー・リード『どこからともなくやってきた私たち女子』未邦訳〕

一〇代の若者を対象とした力強い書籍。とうてい動かせそうにないものに立ち向かう、現代の若い女性のエネルギーが全面に出ている。性暴力の文化や性的禁忌に抗する、力のある語り。

● *Sorcières,* de Mona Chollet〔モナ・ショレ『魔女――女性たちの不屈の力』いぶきけい訳、国書刊行会〕

もはや誰もが知っているこのエッセイ。孤独、シスターフッド、誰でもなく自らのためだけに女になることの旨みをあらためて教えてくれる。平穏に老いていくこと、母性を拒否すること、先祖の知恵を生かすこと……計画としてはよくない？みんな魔女になろう！

● *Dans la forêt,* de Jean Hegland〔ジャン・ヘグランド『森の中』未邦訳〕

前世紀末の刊行。男性がおらず、資本主義もなく、女性たちと共に自然の中で送る生活に目を向けた世紀末小説。そこはすべてが完璧というわけにはいかないが、いまよりもう少し優しさのある世界が広がるのではないだろうか。

● *Ma vie sur la route,* de Gloria Steinem〔グロリア・スタイネム『人生という旅』未邦訳〕

男性からの独立と女性同士のつながりを作り上げてきた、アメリカを代表するフェミニストの一人である彼女の自叙伝。フェミニズムの歴史をたどる良い機会にもなる。

ポッドキャスト

● *Écoféminisme, 2e volet: Retrouver la terre* — Un podcast à soi〔「エコフェミニズム・パート2——地球を取り戻す」著者だけのポッドキャスト〕

エコフェミニズムをテーマにした番組の第二章。レズビアンや異性愛者の女性が、男性の視線や期待から遠ざかり、共同生活を送る「女性の土地」をありのままに紹介している。

● *Féminisme et fiction: se réinventer* — Les Trois Points The Three Points〔『フェミニズムとフィクション——自分自身を再び創る』〕

無政府主義的《アナーキスト》なポッドキャスト。軍事領域における男性のポジションとその合理主義に疑問を投げかける。可能性を再発見する想像力の余地を残すこと、それが女性の驚異的な力。

テレビドラマ

● *Sex Education*〔「セックス・エデュケーション」〕

若い女子たち一人一人の個性の出会いがスクリーンのなかで繰り広げられ、輝きを放つドラマ。美しく確かな友情で、彼女たちは開花していく。男子もまた、コミュニケーションをうまく取ることや、自他共に本音で向き合うことを学んでいく。

● *Jane the Virgin*〔「ジェーン・ザ・ヴァージン」〕

五シーズンにわたり女性たちの素晴らしく美しい関係を映し出す。男性が感情を豊かに表現する稀有なドラマでもある。

● *GLOW*〔「GLOW　ゴージャス・レディ・オブ・レスリング」〕

ゴージャス・レディ・オブ・レスリングの実話をもとに、豪華女性キャストが母性、結婚、野心、自立、夢など、女性の生き方をめぐるさまざまな問題を問いかける。

映画

● *Portrait de la jeune fille en feu*〔『燃ゆる女の肖像』〕

セリーヌ・シアマ監督が作り上げる、男たちが遠く離れた場所にしか存在しない世界。ここでの愛は、波乱に満ちた世間から切り離された島でお互いを支え合う女性三人組の同性同士のものであり、シスターフッドに溢れている。

● *Beignets de tomates vertes*〔『フライド・グリーン・トマト』〕

ファニー・フラッグの小説を映画化した本作。一九二〇年代のアラバマを背景に、女性同士の友情と、失意の結婚生活のなかに意味を探し求める主婦の姿を美しく描く。

● *L'une chante, l'autre pas*〔『歌う女・歌わない女』〕

アニエス・ヴァルダ監督のこの作品は、彼女のほかの作品と同様、宝石のようだ。一九七〇年代における中絶の合法化を求める闘い。ここでは、時代の試練に耐えながら、友情とシスターフッドをもって支え合う女性たちによってそれが描かれている。

● *Mad Max: Fury Road*〔『マッドマックス　怒りのデス・ロード』〕

ムキムキ男子たちに人気の世紀末サーガ。今回は自身を守るために戦う女性フュリオサにスポットライトが当てられている。一方、マックスはといえばてんで無口。こうでなくちゃね。

訳者解説

世界で話題となったヘイト本？

「嫌い」という言葉は私たちの社会においていつも物議を醸してきた。ある特定の社会の層に対する「ヘイト」や「フォビア」の多くは、人権を侵害するものとして社会や大きな国際機関などから非難されることがほとんどである。本書も例に漏れず、「男が大嫌い」という衝撃的なタイトルが注目を浴び、当時の女男平等担当省の職員から「ヘイト本」というレッテルを貼られ、出版取り下げの勧告を受けたことで、フランス社会に動揺を巻き起こした。[i] だが皮肉にもこの職員の対応がきっかけで本書はさらに注目を浴びることになり、結果的にフランスではベストセラー、版権を求める出版社が世界で相次ぎ、英語・ドイツ語訳はすでに出版され、そのほか一〇か国以上で翻訳作業が進んでいる。[ii]

i　この職員は後に、本書を読まずにタイトルだけで内容を判断したと批判され、当時の女性の権利大臣からその対処が適切でなかったとして更迭されている。

ii　https://www.nytimes.com/2021/01/10/books/pauline-harmange-i-hate-men.html

一世を風靡したとも言える本書であるが、作者のポーリーヌ・アルマンジュは、フェミニストで活動家という立場を公表しているとはいえ、いたって普通の、つまりよくあるフェミニストのクリシェにハマるような、言ってしまえば「主張が強くてヒステリックで独断的」というようなイメージの女性ではないようだ。教師の両親をもつ彼女は自身もものを書くことを愛し、自らブログを積極的に運営してきた。本書を刊行後は執筆活動に専念しているようだが、数々の有名誌のインタビューで垣間見る彼女の人柄は、語調も柔らかく、落ち着いており、客観的に物事を俯瞰しているような印象を受ける知的な女性だ。あるいはメディア自身もそのような印象を与えるように書いているのかもしれないが、であればなお、それは彼女のイメージが誤ったフェミニストへの偏見に囚われず、主張をもったひとりの文筆家のそれとして支持されていることが窺える。

ミサンドリーとは

さて、かの政府職員が「誤認」してヘイト本だとした本書であるが、「男性嫌悪《ミサンドリー》」を前面に出した本であることは否めない。試しに辞書でこの言葉を引くと、一言「男性嫌悪」とだけ書いてあり（大辞泉）、プチ・ロベール仏仏辞典には、「男性に対する嫌悪や蔑視」と書かれている。確かにこの説明だけではヘイト本だと誤解されても仕方がないだろう。それではアルマンジュが本書で言わんとするところの「ミサンドリー」とは一体何なのだろうか。著者自身も本書のなかで何度もその定義を説明してはいるのだが、本解説では少し時間をとってこの「ミサンドリー」という概念、そしてその歴史的背景を、特に作者の出身国であるフランスに焦点を当ててじっくりみていきたい。

著者も本書のなかで言及していたが、ミサンドリーはその語彙の構成が理由で「女性嫌悪《ミソジニー》」の対義語として解釈されてしまうことが多い。実際、ミソジニー［mysogyny］の語源は一七世紀後半のギリシャ語で「嫌悪」を意味するmisoと「女性」を表すgunēに由来し、その二世紀後に生まれた言葉であるミサンドリーのandryという接尾語は「男」を指すanerに由来している。ちなみに、読者にはより馴染みがあるかもしれない「ミザントロープ」（人間嫌い）という言葉も同じギリシャ語の「mis」と「zoanthrope」（人間すべて）という言葉を語源にもつ。しかし、ミソジニーやミザントロープという言葉が比較的古く、また普及していた言葉であり、語源もしっかり説明されていることが多いのに対し、ミサンドリーの意味や歴史的理解はあまり広まってはいない[iii]。

ミサンドリーという言葉が初めて使用されたのは一九世紀のイギリスだとされているが[iv]、その当時は広く一般的に理解され、使用されていたわけではない。この言葉が社会に普及し始めたのは二〇世紀の戦後、第二波フェミニズムの世界的な広がりが関係している。フランスにおいては七〇年代、当時絶頂期にあった女性解放運動（ＭＬＦ）の広がりのなかで議論される形で広まっていった。[v]議論の中心となったのは「フェミニズムにおける男性（性）の糾弾は女性《ミソ》嫌悪《ジニー》と同じく性差別であり、批判の対象とするべきものなのか」という問いであった。当時のフランスにおけるフェミニズムは分派が激しく、ボーヴォワールの「第二の性」のなかで提起された「他者」としての女性のアイデンティティをどう捉えるかで意見が分かれていた。そのなかでも、既存の家父長制のなかでの平等によっては女性の権利が達成されることはないとするラディカル・フェミニズムの盛り上がりは目覚ましく、家父長制によって奪われた女性の権利を奪回し護るためには男性（性）の排除が必須であるとするフェミニストたちもいた。この分離主義的な主張のひとつが、男性嫌悪《ミサンドリー》的な男性排斥である、と批判されたのである。以来この主張はフェミニストのなかでも物議を醸し、この問いをめぐって激しい議論が展開されてきた。

当時から現在までのフェミニズムにおけるミサンドリーの議論について書くと膨大な量になってしまうのでここでは割愛するが、とはいえ現代フランスのフェミニストたちの間では、家父長制を問うなかで男性（性）をどう位置付けるかという議論が常にあり、ミサンドリーに関しては多くのフェミニストたちは往々にして次のような意見で一致している。すなわち、ミサンドリーはミソジニーの単なる対義語、つまり女性による性差別を表す言葉ではなく、ミソジニーの帰結としての現象を表す語彙である。そして、社会における「家父長制という本質的にミソジニーである概念の制度化[vi]」が生んだ男女の支配構造に対する被支配者の反動が、嫌悪というかたちとなって現れたものがミサンドリーである、という考え方だ。[vii]一見男性に対する女性による性差別を意味するようなこの言葉だが、フェミニズムにおけるミサンドリーはその意味も意義もまったく異なるのである。

iii　Century Dictionaryは一九〇九年、新しい語彙としてミサンドリーを次のように定義しているが。「ミサンドリー：男性嫌悪、女性に対して不平等で抑圧的な態度をとる男性への評価が低いこと」（The Century Dictionary, volume XII, p. 814.）。

iv　Blanche Seymour, The Spectator, London, 1 April 1871, p. 389.

v　アメリカではミサンドリー的な言説が見られるようになったのは一九九〇年代ともされている。

vi　Colette Pipon, *Et on tuera tous les affreux – le féminisme au risque de la misandrie* (1970-1980), PUR, 2014, p. 18.

vii　この点において、ミサンドリーは男性恐怖症《アンドロフォビア》とも意を異にする。これに対し人類学者であるダヴィッド・G・ギルモアは、ミサンドリーはマチズモ、つまり男性優位主義的な精神的態度をもつ人間に対するフォビアであるとして、「ヴィリフォビア（viriphobia）」という言葉を提唱している（Gilmore, David G. 2009, *Misogyny: The Male Malady*, University of Pennsylvania Press, pp. 10–13）。

この歴史社会的背景を踏まえると、本書『私は男が大嫌い』はいわゆる「ヘイト本」と呼ばれるようなものからは程遠いことが理解できる。むしろそこには、ミサンドリーと言われる精神的態度の要因となるもの、それに対する批判やその批判にたいして提起できる一つの答えを、丁寧に、しかし明快かつ痛快な物言いで紐解こうと試みる著者の開けた姿勢が見える。

このような姿勢が本書のなかで表れている例のひとつとして、著者が「実は優しいんだよ、私（女性）たちは」と（やや自嘲気味に）語っている箇所がある（8頁）。現代の社会において、完全にシス男性を排除した空間が公共の場で成立することはあまりない。「女性のみ」と銘打たれた団体や催しでさえ、少なくともどこかで男性が関わっていることが多い。そしてその女性限定に見える空間に参加する多くの女性たちは、そこから一歩出て別の領域に入れば、公私に関わらず男性（性）と常に対峙している。これは男性に関しても同等のことが言える。ある性を完全に（その存在に対する意識すら）排除した空間を作り上げることは、現代のフランス社会においても日本社会においてもほとんど不可能に近い。だが一つ言えることは、家父長制がいまだに強く残る社会では、男性は物理的にも精神的にも女性（性）の存在を完全に忘れることができる空間が確保されているのに対し、女性は男性（性）を意識しながら生きなければならないことがほとんどであるという、男女における決定的な差があるという点だ。現代の女性の多くは、家父長制という「水晶玉」の映し出す運命から逃げ出すことができないのだ。

にもかかわらず、女たちが男たちに暴力でもって自らの権利を訴えることは今までなかったのである（ない、と言い切ってしまうと反論が出そうだが、それでも毎年のＤＶ件数やフェミサイドの件数、それが取り扱われている現実をみれば男性による女性への暴力が圧倒的に多いのは一目瞭然だろう）。

そもそも、フェミニズムは常々非暴力を掲げてきた。イギリスの社会学者リズ・ケリーが、男性による非男性への支配構造を「性暴力連続体」として批判した[viii]ように、フェミニズムやジェンダー論は暴力と支配―非支配の構造を常に関連させた考え方を基盤としている。不平等で抑圧された立場にあってもなお男性を（暴力でもって）完全に排除しない女性は、ミサンドリーのようにみえても「本当は優しい」のである。

したがって、家父長主義的・父権主義的な考え方の根強く残る社会におけるミサンドリーは、女たちがジェンダー的な不平等でがんじがらめにされている日常をそれでもなんとかやっていくためのある種の戦術であり、（アントニオ・グラムシのいうところの）「陣地戦」に近いものと言えるだろう。辞書の意味でのミサンドリーを批判的に扱った学術的文献はごく僅かである

viii　ジャルナ・ハマー、メアリー・メイナード編『ジェンダーと暴力――イギリスにおける社会学的研究』堤かなめ監訳、明石書店、二〇〇一年。

が、その理由はここにある。ミサンドリーはミソジニーの理論的枠組みのなかで語られ、分析されるべきものである。ミサンドリーは、ミソジニーと同じ地平の意味での排外主義ではない。ミサンドリーであることは、「あくまで私たちの間での話」（42頁）なのだ。

日本にミサンドリーはあるのか

さて、日本においてはミソジニーという言葉すら真面目に扱われ始めたのはここ十数年くらいであり、ミサンドリーに関してはほぼ議論がされてこなかったと言ってもいい。試しにCiNii（＝文献論文検索データベース）でミサンドリーというキーワードで検索をかけると、関連した翻訳書が二冊、論文が一件、研究プロジェクトが一件出てくる程度である。想像に難くないだろうが、もちろんこれは日本のフェミニズムにおいて家父長制や男性性が追及されてこなかったというわけではまったくない。数々の歴史研究が、日本の女性たちは近代から（完全否定ではないにせよ）家父長主義に抗い、それが大きな社会運動・文化活動となっていた事実をすでに証明している。また、七〇年代の第二波フェミニズムであるウーマンリブ以降は、広義のラディカル・フェミニズム的な視座をもつフェミニストや研究者、活動家が数多く生まれ、彼・彼女らが日本社会においてある一定の発言権をもつようにもなっている[ix]。

とはいえ、二〇〇〇年代のフェミニズムに対するすさまじいバックラッシュが、日本社会における女性研究やジェンダー研究における議論の発展を妨げてきたのも事実である。確かに二〇一〇年代の後半から、世界的な第三・四派フェミニズムの流れもあり、フェミニズムやジェンダーに関する議論は再び盛り上がりを見せている。メディア文化における女性差別的な表現が批判される機会も増え、LGBTQをめぐる社会の理解は一〇年前と比べて（さまざまな議論を巻き起こしながら）前進している。だが、それでもインターネット上でのフェミニズム的発言に対するバッシングや、キャンセルカルチャーに対する「表現の自由」を掲げた（ご都合主義的な）批判など、フェミニズムに対する排斥《アンチ》はいまだ日本社会に蔓延しているのが日本の現状である。世界経済フォーラム（WEF）のジェンダーギャップ指数では毎年（一五六か国中）一二〇位前後をうろうろし、衆議院の女性比はいまだに二割にも充たず、夫婦別姓は違憲とされ、一国の首相が同性婚に対し「社会が変わってしまう」というような時代錯誤も甚だしい差別発言をする。「女性の活躍推進企業データベース」[x]はほとんど（開示していないという意味の）空白でデータともいえず、日本最大のロックフェスの参加アーティストはいまだに八

ix　特に一九九〇年代後半、マルクス主義フェミニストである上野千鶴子とラディカル・フェミニストである江原由美子の、社会構造と主体をめぐる議論は社会の注目を浴びた。

x　https://positive-ryouritsu.mhlw.go.jp/positivedb/

割が男性だ[xi]。やる気があるのかと言いたくなるような（ないのだろうが）この社会の状況では、カリスマユーチューバーや超大物芸能人であってもミサンドリーを宣言することは（それが、男性性の批判でも）自爆行為以外の何物でもない。ジェンダーに関するわずかな発言ですら男性へイトだと捉え、全力で潰しにかかる保守層がいまだに社会のなかの大きな位置を占めているのだ。それに加え、女性のなかでさえ、男性（性）を嫌悪する、あるいは家父長制に疑問をもつことにすら拒否反応を示す者は多い。著者が言うようにフランスの女の子たちは女性になる過程で怒りを私的領域に押し込めるよう社会化されてきたが、日本の社会はそれに加え、角を立てないよう反論をしないこと（怒らないのと反論しないのは似て非なるものである）、和を尊び「わきまえること」を女の子たちに強要してきたためだ。日本においては、ミサンドリーという姿勢を公言することはおろか、それについて議論する余地すら与えない徹底したミソジニーが社会全体に染み付いているといっても過言ではないのである。

男はフェミニストになれるのか

こうして見ると、著者のいうように、女性たちは常に「アップデート」し続けている（25頁）のにもかかわらず、男性はそれに対し極めて消極的、あるいは無関心であるという印象が否めない。そんなことはない、我々も意識し始めている、という男性もいるだろう。実際ジェンダーという言葉がここ何年かで社会に普及している現実は、男性たちも少しずつ関心を向けている証左でもある。では、男性がフェミニズムに積極的に参入すべきなのか。本書でははっきりとは述べられていないが、著者はあるインタビューでこの問いに対し断固としてノーと答えている。男性たちは「呼ばれたときにだけフワッと湧いて」（81頁）くればいいのだと。そう言われてしまうと身も蓋も無いではないかと男性陣は思うだろう。確かにそれでは男性もどうにも動きようがない。また、「自分たちも家父長制の被害者である」と考える男性も、実はこの社会に少なくないのではないだろうか。日本の状況を見ていると、筆者としては正直言えばむしろぜひ積極的にフェミニズムに参加してほしいところではある。

だが、自らも被害者だと持論をもってフェミニズムの領域に乗り込む前に、まずは、活動家としておそらく「傍から居場所を奪われるような」経験をしたのであろう著者（たち）、あるいは活動家ではなくとも、フェミニストではなくとも、多くの女性たちが圧倒的に不平等な状況で日々声なき声で叫んでいる心の訴えに耳を傾けることのほうが重要なのではないだろうか。想像してみてほしい。社会資本が元から保障されてきた大金持ちの資本家が「私も新自由主義の被害者だ」として労働運動に突然参加し、その知識と雄弁さでもって労働者の苦境を積極的

xi　訳者調べ。ちなみにコーチェラは二〇一〇年代後半から女性三割を毎年目指している。

に語る姿を。かれらは何を語れるのだろうか?
　確かに家父長制に疑問をもち、それに抗うことと、女性・非男性の権利を要求することは根底ではつながっている。男性たちがその理屈でもってフェミニズムに参加する権利もある。だが両者における当事者の社会的立場が異なり、そこにすでに支配の構造が潜んでいるとき、支配者と被支配者のあいだで機会における平等が優先されてはならない。前者は後者の声をいつでも奪える立場にあるという意識をもたなければならないのだ。支配者は、従属者《サバルタン》の立場を語る資格が真にあるのかを、常に自分自身に問わなければならない。本書において著者が「男性にはお手本になってもらわないと」(16頁)と訴えているのは、その意味においてではないだろうか。

　さて、ここまでくればもうおわかりだろうが、本書は社会における女性の立場に関心のない男性に向けて、何か主張しようとして書かれた本ではない。著者はそのような男性(性)に入る余地を与えよう、そのような存在に居場所を作ろうとは微塵も考えていないであろうし、本書の内容はそもそも男性の精神の健康にもあまりいいものではない。正直男性は読まないほうがいいとすら思う。だがそれでいいのだ。なぜなら、そういった男性たちの心身の福祉に「モノいう」女の気持ちはどうやら必要ないということを、女性たちは歴史のなかでさんざん突きつけられてきたし、女性が自分らしく生きるためにそのような男性の承認は必要ないことも、もう明らかになってきたからだ。
したがって本書は、女子の、女子による、女子のためのシスターフッドの入門書である。これは、女子たち、女性たち、規範的な性を生きていない人のすべてが、自らの人生を愛せるようになるための聖書《バイブル》なのだ。

さあ、私たちだけの饗宴を始めるときが来た。

最後に、本書の翻訳にあたり、訳者の滞在場所によりかなり時差があるにもかかわらず毎日のようにやり取りをしてアドバイスや励ましをしてくださった編集者の大澤茉実さんに心よりお礼を申し上げます。彼女との笑いの絶えない談話の時間、彼女の忍耐強い支え、つまりはシスターフッドがなければこの翻訳はできなかったでしょう。本当にありがとう！

中條　千晴

ポーリーヌ・アルマンジュ（Pauline HARMANGE）
作家、フェミニスト、活動家。ブログ「Un invincible été」（不屈の夏）を運営している。
作家としてデビュー作となるエッセイ『Moi les hommes, je les déteste』（原題）は、当時の女男平等担当大臣より検閲の警告を受けた。

［訳］**中條千晴**（ちゅうじょう・ちはる）
フランス国立東洋言語文化学院（INALCO）言語専任講師。専門はポピュラー音楽とジェンダー、社会運動。翻訳に『博論日記』（2020年）、『女奴隷たちの反乱』（2022年）。共訳に『クリエイティブであれ』（2023年）いずれも花伝社。

私は男が大嫌い

2023年3月20日　初版第1刷発行

著者 ——ポーリーヌ・アルマンジュ
訳者 ——中條千晴
発行者 —平田　勝
発行 ——花伝社
発売 ——共栄書房
〒101-0065　東京都千代田区西神田2-5-11出版輸送ビル2F
電話　03-3263-3813
FAX　03-3239-8272
E-mail　info@kadensha.net
URL　http://www.kadensha.net
振替 ——00140-6-59661
装幀 ——北田雄一郎
印刷・製本—中央精版印刷株式会社

ISBN978-4-7634-2055-8 C0036